Vocabulaire progressif du français

POUR LES ADOLESCENTS

W0006092

Corrigés

Sylvie Schmitt

CLE
INTERNATIONAL

Unité 1 LES SALUTATIONS
Page 9
1 – Comment tu t'appelles ?
– Je m'appelle Valentine.

2 1. b – **2.** c – **3.** a.

3 1. Tu – **2.** vous – **3.** Tu – **4.** Vous.

4 a) *À la boulangerie*
La boulangère :
– Comment vous allez ?
ou – Comment allez-vous ?
ou – Comment ça va ?
ou – Ça va ?
ou – Vous allez bien ?

Madame Roussier :
– Comment vous allez ?
ou – Comment allez-vous ?
ou – Comment ça va ?
ou – Ça va ?
ou – Vous allez bien ?

b) *Au collège*
Léo : – Salut / *ou* Bonjour !
Lucie :
– Ça va, merci.
ou – Ça va bien, merci.
ou – Ça va très bien, merci.
ou – Ça va pas mal, merci.

Léo :
– Ça va.
ou – Ça va bien.
ou – Ça va très bien.
ou – Ça va pas mal.

Unité 2 DIRE AU REVOIR
Page 11
1 1. Salut Lucie !
2. À tout à l'heure, Charlotte !
3. Bonne nuit, Charlotte !
4. Au revoir, madame Roussier !
5. Au revoir, Valentine, à bientôt !

Unités 1 et 2
Page 12
1 A. 1. – Salut, comment tu t'appelles ?
2. – Je m'appelle Valentine.
B. 1. Bonjour, madame Roussier.

Vous allez bien ?
2. Bien merci, et toi, Lucie ?
3. Très bien, merci madame.

2

3

bonjour	bonsoir	salut	au revoir	à bientôt	à tout à l'heure	bonne nuit
✗	✗	✗	✗	✗	✗	✗
✗	✗		✗	✗	✗	✗
✗	✗		✗	✗	✗	✗

Page 13
4 1. bonjour – **2.** ça va mal – **3.** ça va bien – **4.** vous allez bien ? – **5.** tu vas bien ?

5 – *Quand on rencontre une personne :*
Ça va ? – comment ça va ? – vous allez bien ? – tu vas bien ? – comment vous allez ? – comment tu vas ? – comment allez-vous ? – comment vas-tu ? – bonjour – bonsoir – salut.
– *Quand on quitte une personne :*
Au revoir – à tout à l'heure – bonsoir – à bientôt – bonne nuit – salut.

6 1. appelles – **2.** appelle – **3.** vas – **4.** va.

Page 14
7 1. allez – **2.** vas – **3.** va – **4.** vous – **5.** tu – **6.** vous.

8 1. vous – **2.** vous – **3.** tu – **4.** tu – **5.** vous – **6.** tu – **7.** vous.

9 A. 1. b – **2.** c – **3.** d – **4.** a.
B. 1. d – **2.** c – **3.** a – **4.** b.

Page 15
10 Salut – Comment – Ça va – merci – Bonjour – allez – bien.

11 1. V – 2. F – 3. F – 4. V – 5. V – 6. F – 7. V – 8. V – 9. F – 10. V.

12

Valentine : Bonjour, madame Roussier !

Madame Roussier : Bonjour, Valentine !

Valentine : Comment allez-vous ?

Madame Roussier : Ça va, merci ! Et toi, comment vas-tu ?

Valentine : Très bien, merci ! Au revoir, madame Roussier !

Madame Roussier : À bientôt, Valentine !

Léo : Salut ! Comment tu t'appelles ?

Valentine : Je m'appelle Valentine, et toi ?

Léo : Je m'appelle Léo.

Valentine : Comment ça va ?

Léo : Ça va très bien, et toi ?

Valentine : Ça va pas mal ! Au revoir !

Léo : À tout à l'heure au collège !

Unité 3 *LE CARACTÈRE*

Page 17

1 1. intelligent – 2. – franc – 3. doux – 4. gai – 5. généreux – 6. modeste – 7. patient – 8. courageux.
a. intelligente – b. franche – c. douce – d. gaie – e. généreuse – f. modeste – g. patiente – h. courageuse.

2 Lucie est généreuse : elle donne beaucoup aux autres.
Luigi est gai : il rit beaucoup.
Noriko est prudente : elle fait attention.
Nicolas est patient : il sait attendre.
Lamine est tolérant : il accepte les idées des autres.
Malika est franche : elle dit ce qu'elle pense.

Paco est calme : il ne s'agite pas.
Lucie est marrante : elle aime faire rire les autres.

3 1. pas du tout gentil – 2. super marrant – 3. paresseux – 4. modeste – 5. *radin* – 6. franc – 7. méchante.

4 du tout – *frimeur* – triste – méchante – égoïste – *super sympas* – bon – marrants.

Unité 4 *LE PHYSIQUE*

Page 19

1

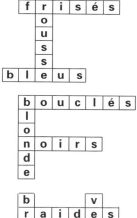

a) Jenifer a les cheveux frisés. Elle est rousse aux yeux bleus.
b) Lucie a les cheveux bouclés. Elle est blonde aux yeux noirs.
c) Petra a les cheveux raides. Elle est brune aux yeux verts.

2 1. bleus – 2. longs – 3. brun – 4. roux – 5. grande – 6. maigre – 7. laid.

3 1. est – 2. est – 3. a – 4. est – 5. est – 6. a.

4 1. bleus – 2. courts – 3. longs – 4. cheveux – 5. marron – 6. frisés – 7. une barbe – 8. blond.

Unités 3 et 4
Page 20
1

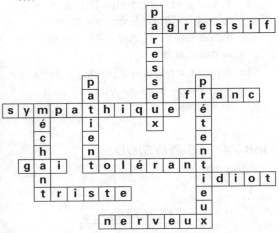

2 1. hypocrite – **2.** prétentieuse – **3.** sympathique – **4.** agressif – **5.** courageux – **6.** paresseuse – **7.** ennuyeux – **8.** gentille.

3 Il est *frimeur – radin* – impatient – méchant – prétentieux.

Page 21
5 Elle est petite et grosse. Elle a les cheveux bruns, longs et raides. Elle a les yeux noirs.
Il est grand et maigre. Il a les cheveux blonds, frisés et courts. Il a les yeux bleus.

6

		g	r	a	n	d				m
v	e	r	t	s				g	n	i
b	l	o	n	d	m	a	r	r	o	n
		s	b	r	u	n	o	i	i	c
	m	a	i	g	r	e	u	s	r	e
c	h	â	t	a	i	n	x		s	

Horizontal : grand – verts – blond – marron – brun – maigre – châtain.
Vertical : gros – roux – gris – noirs – mince.

Page 22
7

	masculin	féminin = masculin + e		féminin = masculin
1	grand	grande	1	maigre
2	petit	petite	2	égoïste
3	tolérant	tolérante	3	mince
4	laid	laide	4	calme
5	brun	brune	5	modeste

	masculin eux/eur	féminin /euse		masculin	féminin
1	joyeux	joyeuse	1	doux	douce
2	travailleur	travailleuse	2	beau	belle
			3	franc	franche
			4	gros	grosse

8 1. elle – **2.** lui – **3.** elle – **4.** lui – **5.** lui – **6.** lui et elle – **7.** lui et elle – **8.** lui.

9 a) Elle est franche, joyeuse, gaie et marrante.
b) Elle est agressive parce qu'elle n'aime pas les hypocrites et qu'il ne faut pas l'énerver.

10 **Le prof de maths** est nerveux, impatient et courageux. Il est brun aux yeux bleus. Il a les cheveux bouclés et courts. Il est grand et mince. Il est beau.
La prof de musique est un peu prétentieuse, mais marrante et gentille. Elle est châtain aux yeux marron. Elle a les cheveux mi-longs et raides. Elle est petite et maigre.
Le prof d'histoire est triste, mais franc et sympathique. Il a les cheveux gris et les yeux noirs. Il est chauve, il a une barbe et une moustache. Il est petit et gros. Il est assez *moche*.

Unité 5   *LES NATIONALITÉS – LES LANGUES*

Page 25
1 1. g – **2.** i ; k – **3.** f – **4.** d – **5.** i – **6.** e – **7.** d – **8.** b – **9.** a ; d – **10.** c – **11.** l – **12.** a ; m – **13.** j – **14.** a ; h ; n.

2 1. Il vient de Grèce. Il habite à Athènes. Il est grec.
2. Il vient de Pologne. Il habite à Varsovie. Il est polonais.
3. Il vient d'Allemagne. Il habite à Berlin. Il est allemand.
4. Elle vient d'Angleterre. Elle habite à Londres. Elle est anglaise.
5. Il vient du Sénégal. Il habite à Dakar. Il est sénégalais.
6. Elle vient du Japon. Elle habite à Tokyo. Elle est japonaise.
7. Elle vient des États-Unis. Elle habite New York. Elle est américaine.
8. Il vient du Canada. Il habite Montréal. Il est canadien.

3 1. le français – **2.** l'anglais – **3.** l'espagnol – **4.** l'arabe – **5.** Le portugais.

4 étranger – habite – en – de – le grec – trilingue – parle – langues – international – d'étrangers.

Unité 6 *LE MONDE – LES CONTINENTS – LES PAYS*

Page 27

1 1. F – **2.** V – **3.** F – **4.** F – **5.** F – **6.** V – **7.** V – **8.** F – **9.** V – **10.** V – **11.** V.

2 1. les Américains – **2.** l'Australie – **3.** la Méditerranée – **4.** le Canada – **5.** la France – **6.** la Grèce – **7.** le Japon – **8.** le Mexique – **9.** l'Asie – **10.** la Chine.

Unités 5 et 6

Page 28

1 1. **L'anglais** : les États-Unis, le Kenya – **2. Le français** : l'Algérie, la Côte d'Ivoire, le Maroc, la Tunisie, la Suisse – **3. L'arabe** : l'Algérie, l'Arabie Saoudite, la Jordanie, le Maroc, la Libye, la Tunisie. – **4. Le portugais** : le Brésil, le Mozambique. – **5. L'espagnol** : l'Argentine, le Chili, la Colombie, le Mexique.

2 1. Il est japonais, il parle le japonais, il vient du Japon.
2. Il est chinois, il parle le chinois mandarin, il vient de Chine.
3. Il est coréen, il parle le coréen, il vient de Corée.
4. Il est américain, il parle l'anglais, il vient des États-Unis.
5. Il est sénégalais, il parle le wolof et le français, il vient du Sénégal.
6. Il est algérien, il parle l'arabe et le français, il vient d'Algérie.
7. Il est suisse, il parle le français, il vient de Suisse.

3 1. f – **2.** e – **3.** c – **4.** a – **5.** d – **6.** i – **7.** b – **8.** h – **9.** g.

Page 29
b)

le pays	la nationalité	les langues
1. l'Allemagne	il est allemand	l'allemand
2. l'Autriche	il est autrichien	l'allemand
3. l'Angleterre	il est anglais	l'anglais
4. la Belgique	il est belge	le français – le flamand
5. le Danemark	il est danois	le danois
6. l'Espagne	il est espagnol	l'espagnol
7. la Finlande	il est finlandais	le finnois
8. la France	il est français	le français
9. la Grèce	il est grec	le grec
10. l'Italie	il est italien	l'italien
11. l'Irlande	il est irlandais	l'anglais
12. le Luxembourg	il est luxembourgeois	le français – l'allemand
13. les Pays-Bas	il est néerlandais	le néerlandais
14. le Portugal	il est portugais	le portugais
15. la Suède	il est suédois	le suédois

Page 30

5 1. V – **2.** F – **3.** V – **4.** F – **5.** V – **6.** V – **7.** F – **8.** F.

6 1. Luis et Stanislas – **2.** Petra – **3.** On peut voyager dans le monde entier – **4.** 25 pays – **5.** 500 millions d'habitants.

Page 31

7

					l'	a	l	l	e	m	a	n	d	
		p				m				e	x			
	m	a	g	h	r	e	b		o	r	i	e	n	t
l'		c				r				q	u	e		a
e		a	s	i	e		i			u				l
s		f			n		q			e				i
p		i			o		u		e	s	t			e
a	f	r	i	q	u	e		u						
g		d				c	a	n	a	d	a			
n					m			i		s				
o	c	é	a	n	i	e		s		i				
l				t	e	r	r	e						

8 J'habite **à** : devant un nom de ville.
J'habite **en** : devant un nom de pays féminin.
J'habite **au** : devant un nom de pays masculin.
J'habite **aux** : devant un nom de pays pluriel.

Unité 7   LES VÊTEMENTS

Page 33

1 un maillot de bain – une casquette – un short – un tee-shirt – des baskets.

2 *Haut du corps* : un pull – un tee-shirt – un chemisier – un blouson – une chemise – un soutien-gorge.
Bas du corps : une jupe – un short – une culotte – un jean – un collant – des chaussettes.

3 s'habille – met – se change – enlève – met – à la mode – se déshabille – met.

Unité 8   LES VÊTEMENTS

Page 35

1 1. **a.** un costume – 1. **b.** un tee-shirt – 1. **c.** des baskets – 1. **d.** des lunettes / 2. **a.** un jogging – 2. **b.** un tee-shirt – 2. **c.** des baskets – 2. **d.** un bonnet / 3. **a.** un jean – 3. **b.** une chemisette – 3. **c.** des chaussures de ville / 4. **a.** un bermuda – 4. **b.** un polo – 4. **c.** des bottes – 4. **d.** une casquette.

2 s – h – o – r – t → short.

3 un gilet – un pantalon – une veste – un polo – des bottes.

4 1. un imperméable – 2. un anorak – 3. des lunettes de soleil – 4. un pyjama – 5. un maillot de bain – 6. des baskets

Unités 7 et 8

Page 36

1

		c	o	l	l	a	n	t
		h						
c	h	e	m	i	s	i	e	r
		m					o	
		i					b	
		s	a	n	d	a	l	e	s
		e						

2 robe – sandales

3 1. pantalon – 2. pantalon – 3. jean – 4. jupe – 5. costume – 6. pull – 7. veste – 8. soutien-gorge – 9. costume.

4 1. F – 2. F – 3. V – 4. F – 5. V – 6. V – 7. V – 8. F.

Page 37

5 1. une jupe – une robe – un tailleur un chemisier
2. un jean – une veste – un imperméable – un anorak
3. un costume.

7 1. un tailleur – 2. un sous-vêtement – 3. un gilet – 4. un slip – 5. des sandales – 6. une casquette – 7. une chemise de nuit.

8 1. c – 2. a – 3. b.

Page 38

9

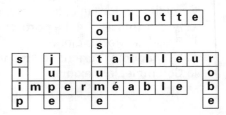

Étagère gauche : une jupe – une robe – une chemise – une chemisette – une veste – une chemise de nuit – une culotte – une casquette.
Étagère droite : un jean – un pantalon – un tailleur – un costume – un short – un bermuda – un pull – un gilet – un tee-shirt – un chemisier – un débardeur – un manteau – un anorak – un imperméable – un pyjama – un soutien-gorge – un slip – un collant – un maillot de bain – un bonnet.

Page 39

13

		J		P	G	B	A	
C		U		O	I	O	N	
H	H	J	P	U	L	L	T	O
E		E	E		O	E	T	R
M		A	M	A	N	T	E	A	U
I	V	N		I			S	K
S	E			M	S	H	O	R	T
E	S	C	A	R	P	I	N	S
	T			R	O	B	E	
T	E	E	S	H	I	R	T	R

Vertical : chemise – veste – jean – jupe – polo – gilet – bottes – anorak.
Horizontal : pull – manteau – short – escarpins – robe – tee-shirt.
Diagonale : chemisier.

Unité 9   *LA MONNAIE*

Page 41

1 1. d – 2. f – 3. e – 4. b – 5. a – 6. c.

2 1. F – 2. F – 3. V – 4. F – 5. V – 6. F – 7. F – 8. V – 9. F – 10. V – 11. F.

3 1. g – 2. a – 3. e – 4. f – 5. c – 6. b – 7. d.

Unité 10 *LES ACHATS*

Page 43

1 1. d ; f – 2. g – 3. c – 4. c – 5. c – 6. b – 7. f – 8. a ; f – 9. e – 10. b – 11. c – 12. a ; f – 13. g.

2 1. b – 2. e – 3. c – 4. f – 5. a – 6. d.

3 fait des achats – grand magasin – 8e étage – la caisse – une librairie.

est-ce que je peux vous renseigner ? – je voudrais – ça coûte combien ? – vous désirez autre chose ?

Unités 9 et 10
Page 44

1 DISTRIBUTEUR – ACHATS

2 1. étudiante – 2. c'est tout ? – 3. combien tu as d'argent de poche ? – 4. carte bancaire – 5. c'est bon marché ? – 6. grand magasin – 7. banque – 8. économiser.

3

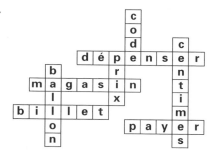

Page 45

4 1. F – 2. V – 3. V – 4. F – 5. F – 6. V – 7. F – 8. F – 9. V.

5 1. c'est demander au client ce qu'il veut ? – 2. il a tout dépensé – 3. il a donné une somme supérieure au prix – 4. un maillot de bain, un short – 5. il prend l'escalier mécanique – 6. une crème hydratante pour le visage – 7. française, grecque – 8. 1 €, 2 €.

6 1. Les chaussures sont exposées derrière une vitre en verre. 2. Il garde une réserve d'argent – 3. Il achète quand les magasins font des réductions – 4. Est-ce que je peux vous aider ? – 5. Une machine qui additionne avec un tiroir pour ranger la monnaie.

Page 46

7 1. magasin de vêtements – 2. c'est cher – 3. porte-monnaie – 4. au bureau de change – 5. c'est bon marché – 6. l'escalator – 7. une maroquinerie – 8. pointure.

8 **a)** **1.** F – **2.** F – **3.** V.
b) **1.** Lucie voudrait s'acheter un portable.
2. Valentine aime avoir des sous à la banque ou dans sa tirelire.
3. Léo dépense tout son argent pour acheter des vêtements, des CD, des jeux vidéo, des cédéroms.

Page 47

9 **1.** la vendeuse – **2.** la cliente Lucie – **3.** la cliente Lucie – **4.** la vendeuse – **5.** la cliente Lucie – **6.** la cliente Lucie – **7.** la vendeuse – **8.** la cliente Lucie.

10 Je voudrais – s'il vous plaît – c'est combien ? – je n'ai pas de monnaie – je vous rends la monnaie.

11 les soldes – un grand magasin – les prix – de l'argent – carte bancaire – la banque – retirer – guichet.

Unité 11 *S'ORIENTER À PIED – EN MÉTRO*

Page 49

2 **1.** V – **2.** F – **3.** F – **4.** V.

3 **1.** Prendre direction La Défense, changer à Châtelet et prendre direction Porte-d'Orléans. Descendre à Saint-Germain-des-Prés.
Il y a **un** changement.

2. Prendre direction Porte-de-Clignancourt, changer à Châtelet et prendre direction La Défense. Descendre à Palais-Royal.
Il y a **un** changement.

Unité 12 *LES TRANSPORTS*

Page 51

1 *Le métro :*
1. Regarder un plan de métro – **2.** Acheter un ticket – **3.** Composter le ticket – **4.** Regarder un plan de métro pour voir quelle ligne, quelle direction prendre et s'il y a des changements – **5.** Attendre le métro sur le quai – **6.** Monter dans le métro – **7.** Descendre à la station.

Le bus :
1. Regarder le trajet à l'arrêt du bus – **2.** Attendre le bus – **3.** Monter dans le bus – **4.** Acheter un ticket – **5.** Composter le ticket – **6.** Descendre du bus.

Le train :
1. S'informer sur les horaires et le trafic – **2.** Réserver un billet – **3.** Acheter un billet – **4.** Prendre le train.

L'avion :
1. Aller à l'aéroport – **2.** S'informer sur les prix, les horaires – **3.** Réserver un billet – **4.** Acheter un billet – **5.** Enregistrer ses bagages – **6.** Prendre l'avion.

2

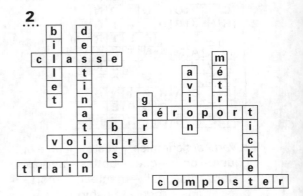

Unités 11 et 12

Page 52

1 **1.** c – **2.** e – **3.** a ; b – **4.** d.

2 **1.** b – **2.** c – **3.** d – **4.** a.

3 **1.** l'avion – **2.** le contrôleur – **3.** le ticket de métro – **4.** le métro.

4 **1.** Train à Grande Vitesse.
2. Société Nationale des Chemins de Fer.

5 a. e. f. g. → **1** / b. c. d. e. f. → **2** / b. c. d. e. → f. **3**

6 **1.** va – **2.** passe – **3.** va – **4.** prend – **5.** traverse.

Page 53

7 **1.** près – **2.** devant – **3.** à droite – **4.** tourner.

8 **1.** Pardon monsieur, où est lycée, s'il vous plaît ? Vous tournez à droite.

2. Pardon monsieur, où est la station de métro, s'il vous plaît? Vous prenez la première à gauche.
3. Pardon monsieur, où est l'arrêt du bus, s'il vous plaît? Vous passez devant le Café de Paris.
4. Pardon monsieur, où est Notre-Dame, s'il vous plaît? Vous traversez la Seine.
5. Pardon monsieur, où se trouve le Café de Paris, s'il vous plaît? C'est en face de la gare.

Page 54

9 1. a) Le trajet du bus est affiché à l'arrêt du bus et dans le bus – b) Le terminus est le dernier arrêt – c) Place Gambetta est l'arrêt de départ du bus 69 et l'arrêt Bac-Saint-Germain est le terminus.

Page 55

10 1. V – 2. V – 3. F – 4. F – 5. V – 6. F – 7. V – 8. V – 9. V.

11 1. descend – 2. à pied – 3. traversez – 4. à l'angle de – 5. un aller-retour – 6. la deuxième à gauche – 7. composter – 8. changements.

12 – aller-retour – Paris-Marseille / Marseille-Paris – retour – TGV – seconde – départ – arrivée.

Unité 13 *LA MAISON – LE MOBILIER*
Page 57

1

P	L	A	C	A	R	D	E	A
T	A	B	O	U	R	E	T	R
A	L	I	T			A	M	
B	U	R	E	A	U		G	O
L		C	H	A	I	S	E	I
E			E	V	I	E	R	R
	C	O	M	M	O	D	E	E

Horizontal : placard – tabouret – lit – bureau – chaise – évier – commode. *Vertical* : table – étagère – armoire.

2 1. la cuisine – 2. la salle à manger – 3. la salle de bains – 4. la chambre – 5. le salon – 6. la buanderie. –

7. la salle de bains – 8. la salle de bains – 9. la chambre – 10. le salon.

3 *Les erreurs*
La cuisine : le lavabo – la table basse
La chambre : le lave-linge – la baignoire – le canapé – le sèche linge.
La salle à manger : la baignoire – l'évier – le congélateur – la douche – le banc – l'armoire – le lit.
La salle de bains : le canapé – le fauteuil – la bibliothèque – le lit – l'évier.

Unité 14 *LES ACTIVITÉS DOMESTIQUES*
Page 59

1 1. fait – 2. fait – 3. fait – 4. lave – 5. fait – 6. plie – 7. lave – 8. passe – 9. range – 10. nettoie – 11. essuie – 12. range – 13. dépoussière.

2 1. Non, Lamine repasse les chemises avec le fer à repasser – 2. Non, Linda nettoie la table avec une éponge – 3. Non, Jenifer lave le linge avec de la lessive – 4. Non, Paco fait la vaisselle avec du produit vaisselle – 5. Non, Malika essuie la vaisselle avec un torchon – 6. Non, Petra dépoussière le tapis avec l'aspirateur.

3 **Petra** lave les vitres avec le balai. Petra doit laver les vitres avec un chiffon.
Nicolas lave les chemises avec une éponge.
Nicolas doit laver les chemises avec de la lessive.
Stanislas passe l'aspirateur sur la table.
Stanislas doit passer le chiffon ou l'éponge sur la table.

Unités 13 et 14
Page 60

1 1. dans le placard – 2. dans l'armoire – dans le placard – 3. dans le placard – dans la bibliothèque – 4. dans le congélateur – dans le placard – dans le réfrigérateur.

2 Dans la chambre de Lucie, il y a une table de chevet, un lit, une armoire, un bureau, une chaise, une étagère et un fauteuil.

Page 61

4 Baignoire.

5 1. V – 2. F – 3. V – 4. V – 5. V – 6. F – 7. F – 8. V – 9. V – 10. V – 11. F – 12. V.

6 1. table – 2. cuisine – 3. vitre – 4. linge – 5. lit – 6. douche – 7. armoire – 8. placard – 9. lampe – 10. canapé – 11. table.

Page 62

8

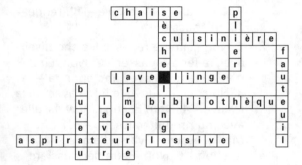

Page 63

9 1. fait – 2. repasse – 3. la cuisine – range – 4. met – 5. la salle à manger – nettoie – 6. passe – 7. le sol – le balai brosse – 8. éponge – du produit vaisselle – 9. le jardin – frotte – sale – 10. plie.

10 un banc – une buanderie – au rez-de-chaussée – une cuisine – un salon – une salle à manger – une salle de bains – un grenier.

11 Maison de deux étages avec jardin et grenier. 4 pièces – un sous-sol avec buanderie. Au rez-de-chaussée une cuisine spacieuse et une entrée. Au 1er étage un salon et une salle à manger ensoleillée.
Au 2e étage, 2 chambres, une salle de bains et des toilettes séparées.

Unité 15 *L'ALIMENTATION – LES COMMERCES*

Page 65

1 chez le marchand de fruits et légumes – chez le pâtissier – chez le boulanger – chez le charcutier – chez le boucher – chez le poissonnier – chez le crémier.

2 1. Elle va chez le pâtissier – 2. Elle va chez le poissonnier – 3. Elle va chez le charcutier – 4. Elle va chez le crémier – 5. Elle va chez le boucher.

3 1. saucisson – 2. yaourt – 3. poisson – 4. pain de campagne – 5. pâté – 6. bonbon – 7. pêche – 8. concombre – 9. raisin – 10. glace – 11. beurre – 12. courgette – 13. jambon – 14. crevette – 15. tarte.

Unité 16 *LES QUANTITÉS – LE SUPERMARCHÉ*

Page 67

1 1. cerises – 2. soda – 3. confiture – 4. jambon – 5. fromage – 6. biscuits – 7. chocolat – 8. œufs.

2 1. un litre – 2. un kilo – 3. un morceau – 4. un pot – 5. une tranche – 6. une bouteille – 7. une boîte – 8. un tube – 9. un demi-litre.

3 1. demi-litre – 2. demi-livre – 3. quatre – 5. sachet.

4 1. un chariot – 2. charcuterie – 3. fruits et légumes – 4. tu fais la queue.

Unités 15 et 16

Page 68

1

			C	O	U	R	G	E	T	T	E
L		A	P					B	R	F	
A	U	B	E	R	G	I	N	E		A	A	R
I	P	R	C	O	R	A	N	G	E	N	I	A
T	O	I	H	T	O	M	A	T	E	A	S	I
U	M	C	E	P	O	I	R	E		N	I	S
E	M	O	C	E	R	I	S	E		E	N	E
	E	T	C	O	N	C	O	M	B	R	E	

Horizontal : courgette – aubergine – orange – tomate – poire – cerise – concombre.

Vertical : laitue – pomme – abricot – pêche – banane – raisin – fraise.

2 A. B. R. I. C. O. T

3

Crus	*Crus et cuits*	*Cuits*
un concombre	une pomme	une pomme de terre
des raisins	une tomate	des haricots verts
un yaourt	une carotte	une aubergine
		une courgette
		un poulet
		une côtelette

Page 69

4 1. sucrée – 2. sucrée – 3. salée – 4. salé – 5. sucrée – 6. sucrée – 7. salée.

5 1. un kilo de fraises – 2. un demi-litre de jus d'orange – 3. un morceau de fromage – 4. un bonbon – 5. un marchand de fruits et légumes – 6. une poissonnière – 7. un sac à main.

6 1. a. j – 2. b. n – 3. g. l – 4. f. h – 5. c. m – 6. d. i – 7. e. k.

7 1. à la – 2. chez le – 3. chez le – 4. à la – 5. chez le – 6. chez l' – 7. à la.

8 1. F – 2. V – 3. F – 4. F – 5. V – 6. V – 7. F – 8. V – 9. F – 10. F – 11. V – 12. V – 13. V.

9 1. une douzaine – un litre – un morceau
Le magasin : la crémerie.
2. une tranche
Le magasin : la charcuterie.
3. un paquet – une tablette – un pot
Le magasin : l'épicerie.
4. un kilo – une livre
Le magasin : le marchand de fruits et légumes.

Page 71

10 – Bonjour mademoiselle, vous désirez ?
– Je voudrais une glace double, s'il vous plaît.
– Quel parfums désirez-vous ?
– Je voudrais une boule vanille et une boule fraise.
– Je vous dois combien ?
– 2 euros, merci.

Unité 17 *AU CAFÉ – AU SNACK*

Page 73

1 1. une limonade – 2. une eau minérale – 3. une grenadine – 4. une menthe à l'eau – 5. un diabolo – 6. un jus d'oranges pressées – 7. du vin.

2 1. V – 2. F – 3. F – 4. F – 5. V – 6. V – 7. V – 8. F – 9. F – 10. F.

3 Garçon – commande – la carte – un croque-monsieur – Une menthe à l'eau – l'addition.

Unité 18 *LA CUISINE – LES REPAS*

Page 75

1

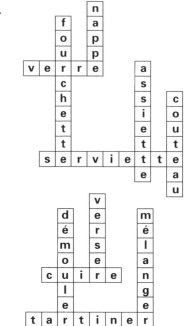

2 1. h – 2. c – 3. e – 4. g – 5. a – 6. b – 7. f – 8. d.

3 1. un petit déjeuner – 2. déjeune ; un repas ; une entrée ; un dessert – 3. goûte 4. dîne ; un plat.

Unités 17 et 18

Page 76

1

			D		G	
	L		I		R	
	I	C	A	F	E	E
	M		B		N	
C	H	O	C	O	L	A	T
J	N		L		D	H
U	E	A	U	O		I	E
S	O	D	A	V	I	N
	E					E

Horizontal : café – chocolat – eau – soda – vin.
Vertical : jus – limonade – diabolo – grenadine – thé.

2 Luigi demande un diabolo grenadine et un sandwich au jambon. Paco commande un jus d'orange pressée et un croque-monsieur. Petra demande au garçon de café un thé au lait.

3 a) 1. c – 2. a – 3. e – 4. d – 5. b.
b) 1. d – 2. c – 3. a – 4. b.

4 1. Couper – 2. Mettre – 3. Verser.

Page 77

5 1. Mélanger – 2. Éplucher – 3. Couper – 4. une poêle – verser – 5. cuire.

Page 78

8 carte – entrée – plat – du fromage – dessert – boisson.

10 une casserole – un moule à gâteau – un bol – une poêle.

Page 79

11 *1er mot* : cuillère
2e mot : saladier
3e mot : assiette

12 1. épluche – 2. au café – 3. tartine – 4. repas – 5. le menu – 6. goûtent.

Unité 19 *LA FAMILLE*

Page 81

1 1. le fils – 2. le père – 3. le petit-fils – 4. le cousin – 5. le neveu – 6. le grand-père – 7. la sœur – 8. le mari – 9. le beau-père – 10. la demi-sœur.

2 1. John, mon grand-père – 2. Steeve, mon oncle – 3. David, mon cousin – 4. Jane, ma belle-mère – 5. Lucy, ma cousine – 6. Alison, ma demi-sœur.

3 1. Les parents de Lucie se sont mariés en 1985.
2. Les parents de Lucie ont divorcé en 1995.
3. Le père de Lucie s'est remarié en 1998.
4. En 2004, le père de Lucie a deux enfants.
Nicolas est le demi-frère et Julia la demi-sœur de Lucie.

Unité 20 *LE TÉLÉPHONE – LES NOMBRES*

Page 83

1 01-44-58-80-72
zéro, un / quarante-quatre / cinquante-huit /quatre-vingts / soixante-douze.

01-56-87-90-18
zéro, un / cinquante-six / quatre-vingt-sept / quatre-vingt-dix / dix-huit.

06-99-23-15-54
zéro, six / quatre-vingt-dix-neuf / vingt-trois / quinze / cinquante-quatre.

01-53-31-60-41
zéro, un / cinquante-trois / trente et un / soixante / quarante et un.

06-71-32-66-77
zéro, six / soixante et onze / trente-deux / soixante-six / soixante-dix-sept.

2 1. a – 2. b – 3. b – 4. a.

3 allô – me passer – ne quitte pas – passe – rappeler – portable.

Unités 19 et 20

Page 84

1 1. Elle téléphone à son père.
2. Elle téléphone à son oncle.
3. Elle téléphone à sa grand-mère.
4. Elle téléphone à son grand-père.

2

	V			Q	U	I	N	Z	E
C	I	N	Q	U	A	N	T	E	T
U	N			A		Z			R
H	G	T		T	R	E	N	T	E
U	T	R	S	R		R			I
I		O	I	E	O	N	Z	E	Z
T	D	I	X	-	N	E	U	F	E
D		S	V						
I		S	O	I	X	A	N	T	E
X			N	D	E	U	X	S	
C	I	N	Q	G	D	O	U	Z	E
	Q	U	A	T	R	E			P
Z	E	R	O	S	E	I	Z	E	T

Horizontal : quinze – cinquante – tren-
te – onze – dix-neuf – soixante – deux
– cinq – douze – quatre – zéro – seize.
Vertical : huit – dix – vingt – trois – six
– quatre-vingts – treize – sept.

3 *Portable* : 06-80-65-90-21
Fixe : 02-15-31-53-46

Page 85

4

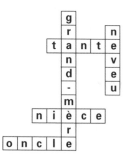

5 Zahia est la tante de Malika. Elle a 36
ans. – Nadia est la cousine de Malika.
Elle a 16 ans. – Zora est la grand-
mère de Malika. Elle a 64 ans. –
Karim est le grand-père de Malika.
Il a 67 ans. – Yasmina est la tante
de Malika. Elle a 29 ans.

6 se sont mariés – ont – deux – filles –
est née – sept ans – est né – la nais-
sance – divorcer.

Page 86

7 01-43-57-29-00 – me laisser –
un message – rappellerai.

9 **a)** allô – passer – ne quitte pas –
rappeler – un coup de fil.

b) parler – ne quittez pas – allô –
le numéro de téléphone – carnet d'a-
dresses – le 06-15-89-52-33.

Page 87

10 *Pour marquer la politesse on utilise* :
je pourrais – c'est de la part de qui –
ne quittez pas.

11 **1.** F – **2.** V – **3.** V – **4.** V – **5.** F – **6.** V –
7. F – **8.** V – **9.** F – **10.** V.

Unité 21 *LES LOISIRS*

Page 89

1 **1.** la lecture – le lecteur / **2.** la peinture
– le peintre / **3.** la danse – le danseur /
4. la photographie – le photographe /
5. le dessin – le dessinateur /
6. la sculpture – le sculpteur.

2 **1.** f – **2.** d – **3.** h – **4.** b – **5.** c – **6.** i –
7. e – **8.** g – **9.** j – **10.** a – **11.** k.

3 **a)** au ciné – l'expo Gauguin – chante –
danse – du temps libre.

Unité 22 *LES SPORTS*

Page 91

1

		B	A	S	K	E	T			
H	A	N	D	B	A	L	L	A		
S		C	O	U	R	S	E	Ï		P
K		J	U	D	O			K	V	I
I	E	Q	U	I	T	A	T	I	O	N
P	A	T	I	N	A	G	E	D	I	G
R	U	G	B	Y			N	O	L	-
N	A	T	A	T	I	O	N		E	P
P	L	O	N	G	E	E	I			O
	C	Y	C	L	I	S	M	E	N	
F	O	O	T	B	A	L	L			G
V	O	L	L	E	Y	-	B	A	L	L
E	S	C	A	L	A	D	E			

Horizontal : basket – handball – cour-
se – judo – équitation
patinage – rugby – natation – plongée
– cyclisme – football – volley-ball –
escalade.
Vertical : ski – tennis – aïkido – voile –
ping-pong.
2 sports nautiques : la plongée et la
voile.
2 sports de plein air : l'escalade et le
cyclisme.
2 sports de glisse : le patinage et le ski.

2 1. joue au tennis avec une raquette et une balle – **2.** joue avec un ballon, il y a deux équipes – **3.** nage le crawl à la piscine. – **4.** plonge sous l'eau avec des bouteilles d'oxygène. – **5.** court le 110 mètres haies. – **6.** monte à cheval. Il a un chapeau qui s'appelle une bombe.

3 le football – les arts martiaux – le judo – la gymnastique – s'inscrivent – faire de l'exercice – l'escalade – la voile – la planche à voile – ski.

Unités 21 et 22

Page 92

1 1. d'un pinceau – **2.** d'un ballon – **3.** d'argile – **4.** d'un maillot de bain – **5.** d'un livre – **6.** d'un appareil photo – **7.** d'une console – **8.** d'une guitare – **9.** d'un cheval.

2 a) 1. le rugby – **2.** le judo – **3.** le tennis – **4.** le ping-pong.
b) 1. le théâtre – **2.** la danse – **3.** le cinéma – **4.** le dessin.

3 1. la comédie – **2.** la guitare – **3.** l'équipe – **4.** monte – **5.** musée – **6.** des pièces – **7.** des films.

Page 93

4 1. le football – **2.** l'équitation – **3.** la natation – **4.** le judo – **5.** le rugby – **6.** la danse – **7.** la peinture – **8.** la musique – **9.** la lecture.

5 1. joue – **2.** fait – **3.** joue – **4.** fait
On dit *jouer à* devant un nom féminin, ou *jouer au* devant un nom masculin.
On dit *faire de* devant un nom féminin, *faire du* devant un nom masculin.

6 1. Fais du football – **2.** Fais de la peinture – **3.** Fais du théâtre – **4.** Fais de l'équitation – **5.** Fais du judo (du karaté, de l'aïkido) – **6.** Fais de la danse – **7.** Fais du football (du basket, du handball, du volley-ball).

Page 94

8 1. V – **2.** V – **3.** V – **4.** V – **5.** V – **6.** F – **7.** V – **8.** F – **9.** V – **10.** V – **11.** F.

Page 95

9 1. Parce qu'il y a des voiles de couleur dans le ciel.
2. Il y a aussi de la musique, trois concerts chaque soir avec DJ, du cinéma, un lancer d'avions en papier.

10 du sport – des arts martiaux – l'équitation – la natation – les arts du spectacle – l'ordinateur – le modelage – la danse.

Unité 23 *LE CORPS – LES MOUVEMENTS*

Page 97

1 a. la tête – b. le visage – c. l'épaule – d. le bras – e. le coude – f. le poignet – g. la main – h. les doigts – i. le tronc – j. le dos – k. le ventre – l. la jambe – m. la cuisse – n. le genou – o. la cheville – p. le pied – q. les orteils.

2 1. a – **2.** b – **3.** c – **4.** e – **5.** d – **6.** f – **7.** b – **8.** b – **9.** d – **10.** a – **11.** d.

3 a. 7 – b. 1 – c. 4 – d. 2 – e. 8 – f. 6 – g. 3 – h. 5 – i. b – j. a – k. c.

Unité 24 *LA SANTÉ*

Page 99

1 1. un comprimé – **2.** une gélule – **3.** de la pommade – **4.** du sirop – **5.** une pastille – **6.** des gouttes.

3 la salle d'attente – la fièvre – enrhumé – la grippe – la tête – une angine – grave – médicaments – gouttes – comprimés – pastilles – sirop – forme – ordonnance.

Unités 23 et 24

Page 100

1 1. a ; b ; d ; g – **2.** c ; d – **3.** c ; d – **4.** b – **5.** d ; e – **6.** a ; b ; c ; d ; g – **7.** b ; f – **8.** a ; b ; c ; d ; g.

2 a. 3. 7 – b. 4. 8 – c. 5. 6 – d. 2. 9 – e. 1. 10.

3 1. lèvres – **2.** les yeux – **3.** la peau – **4.** les ongles – **5.** la tête.

4 un désinfectant – un tube de pommade pour l'acné – des comprimés d'aspirine – des gouttes de collyre pour les yeux – des pastilles pour la toux.

Page 101

5 1. e – 2. b ; c ; d – 3. f – 4. e – 5. b ; c ; d – 6. a.

6

	1	2	3	4	5
un bras cassé	+				+
une carie				+	
la grippe		+	+		
un rhume		+	+		
une dent cassée	+			+	
une angine		+	+		
de la fièvre		+	+		
une bosse	+				
une brûlure	+				+
une coupure	+		+		+

7 1. Il a mal au dos. – 2. Il a mal à la cheville. – 3. Il a mal au poignet. – 4. Il a mal au cou. – 5. Il a mal aux yeux. – 6. Il a mal à la cuisse. – 7. Il a mal au mollet. – 8. Il a mal à la main. – 9. Il a mal aux genoux. – 10. Il a mal aux jambes. – 11. Il a mal au doigt. – 12. Il a mal à l'orteil. – 13. Il a mal à l'oreille. – 14. Il a mal aux épaules.

Page 102

8 1. tousser – 2. vacciner – 3. couper / se couper – 4. blesser / se blesser – 5. brûler / se brûler – 6. soigner / se soigner – 7. être grippé / avoir la grippe – 8. enrhumer / s'enrhumer / être enrhumé – 9. consulter – 10. ausculter – 11. désinfecter

9 1. V – 2. V – 3. F – 4. V – 5. F – 6. F – 7. V – 8. V.

10 a) 1. la cheville – 2. les doigts – 3. le genou – 4. le cou – 5. la main – 6. la main – 7. le pied – 8. le nez – 9. l'œil – 10. les oreilles.
b) 11. comprimé – 12. pansement – 13. pharmacie – 14. pommade – 15. blessure.

Page 103

11 enrhumé – des médicaments – des comprimés – un accident – aux dents – une carie – chez – grave – en pleine forme.

Unité 25 *L'ÉCOLE – L'ENSEIGNEMENT*

Page 105

1 une trousse – un cahier de texte – un protège cahier – un livre – des crayons de couleur – une règle – des feutres – un stylo plume.

2 1. passe – 2. suit – 3. apprend – 4. fait – 5. apprend – 6. étudie – 7. donne – 8. enseigne – 9. corrige – 10. note – 11. rentrent – 12. est reçue.

3

	Classe	École
à 5 ans	en grande section	maternelle
à 7 ans	au cours préparatoire	élémentaire
à 11 ans	en 6ᵉ	collège
à 12 ans	en 5ᵉ	collège
à 13 ans	en 4ᵉ	collège
à 14 ans	en 3ᵉ	collège
à 15 ans	en seconde	lycée
à 16 ans	en 1ʳᵉ	lycée
à 17 ans	en terminale	lycée
à 18 ans	1ʳᵉ année DEUG	université

Unité 26 *LES JOURS – LES MOIS – DIRE L'HEURE*

Page 107

1

2.

						J	
J	U	I	L	L	E	T	A	N
			D				N	
F	E	V	R	I	E	R	V
A	O	U	T		C		I
			E		E
S	E	P	T	E	M	B	R	E
N	O	V	E	M	B	R	E
	C		M	A	R	S
	T		A	V	E
	O		I	R
	B	J	U	I	N
	R		L
	E

Horizontal : juillet – février – août – septembre – novembre – mars – juin.
Vertical : octobre – mai – avril – décembre – janvier.

3. Il est 20 h 15 – il est huit heures et quart.
Il est 13 h 45 – il est deux heures moins le quart.
Il est 8 h 30 – il est huit heures et demie.
Il est 12 heures – il est midi.

4. **1.** F – **2.** V – **3.** F – **4.** F – **5.** F – **6.** F – **7.** V.

Unités 25 et 26

Page 108

1. **1.** Il est dix-huit heures – **2.** Il est dix-sept heures – Il est huit heures du matin.

2. **1.** c – **2.** e – **3.** a – **4.** b – **5.** d.

3. **1.** Samedi 25 octobre
2. Parce que c'est le week-end.
3. Il déjeune au snack avec Valentine.
4. Léo fait ses devoirs.

Page 109

4. **1.** l'été – **2.** l'automne – **3.** l'hiver – **4.** le printemps.

5. 1 – 3 – 4 – 6 – 7 – 8 – 12.

6. un stylo – un crayon – un cahier – un classeur – une gomme – une règle – un livre – une feuille – une trousse.

Page 110

8.

1	Histoire et Géographie	7	Sciences de la Vie et de la Terre
2	Mathématiques	8	Physique
3	Langue vivante 1	9	Latin
4	Langue vivante 2	10	Musique
5	Français	11	Éducation Physique
6	Technologie	12	Arts plastiques

10. **1.** V – **2.** V – **3.** V – **4.** V – **5.** F – **6.** F – **7.** V – **8.** F – **9.** V – **10.** V – **11.** V.

COMMUNIQUER

Page 112

A. Se saluer – se rencontrer

2. Bonjour (*ou* salut) !
Ça va bien !
3. Comment tu t'appelles ?
6. J'ai 12 ans.
7. Tu es dans quelle classe ?
9. Tu habites où ?
12. Merci, je t'appelle bientôt.

Page 114

E. Demander et répondre

1. Quelle heure est-il ?
2. On est ....
3. Je voudrais le pantalon rouge qui est dans la vitrine.
4. Pardon monsieur, où est le métro Châtelet ?
5. C'est combien ?
6. Garçon, s'il vous plaît ! Je voudrais la carte.

Page 115

G. Raconter

1.
1. Luigi fait du repassage.
2. La boulangère rend la monnaie.
3. Lucie fait les vitrines.
4. Luigi et Lucie prennent un pot.
5. Lucie passe des coups de fil.
6. Lucie fait la queue au supermarché.

Mise en pages : Nicole SICRE

© CLE Internationnal/SEJER – 2004
ISBN : 978-2-09-033869-0